LETTRE D'UN ABBÉ
A UN GENTILHOMME
DE PROVINCE

Contenant

DES OBSERVATIONS
sur le stile & les pensées de la nouvelle
Tragedie d'Oedipe, & des Reflexions sur
la derniere Lettre de M. de Voltaire.

A PARIS,

Chez JOSEPH MONGE', rue S. Jacques,
vis-à-vis le Collége de Louis le Grand,
à Saint Ignace.

M. DCC. XIX.

AVEC PERMISSION.

LETTRE
D'UN ABBÉ
A UN GENTILHOMME
DE PROVINCE,

CONTENANT DES OBSERVATIONS
Sur le stile & les pensées de la nouvelle Tragedie
d'Oedipe & des reflexions sur la derniere Lettre
de M. de Voltaire.

ONSIEUR,

La réputation de la nouvelle Tragedie d'Oedipe
est donc déja répandue dans votre Province. Vous
me mandez qu'on y parle de cette Piece comme
d'une espece de Phénomene, & que vos Provinciaux
s'écrient que *le Corneille* est ressuscité. Les connois-

seurs disent ici que le jeune Auteur promet beaucoup, & que si cet essai n'est pas un chef d'œuvre, il annonce au moins un heureux talent capable de faire honneur au Théâtre. Je vous envoye la 2e édition de l'Oedipe avec trois differentes critiques de la Piece. La premiere est du P.... Jesuite; elle est sensée & très polie. M. de Voltaire, comme vous verrez dans sa derniere Lettre, estime fort lui-même cette judicieuse critique. Pour moi je crois qu'il n'en approuve les réflexions qu'en faveur des complimens. Le public au contraire n'en passe les complimens qu'en faveur des réflexions. La seconde est bien écrite, fort maligne, mais un peu injuste, sur-tout par rapport à quelques expressions qu'elle releve mal-à-propos. On y met plusieurs Vers de la Piece en paralelle avec differens Vers semez ailleurs, dont on veut qu'il ait été le copiste ou le servile imitateur; mais à l'exception d'un très petit nombre de Vers, je trouve que ces prétendus larcins ne sont que des expressions familieres aux Poëtes & de droit commun, & rarement ce qu'on appelle des pensées. Pour la troisiéme je ne vous conseille point de vous y ennuyer. Si l'Oedipe n'avoit d'autres défauts que ceux qu'elle lui reproche, ce seroit un Ouvrage parfait.

Tout le monde convient que la nouvelle Piece a un peu baissé à l'impression, & quelque estimable qu'elle soit, on y remarque des défauts très considérables, dont l'œil a mieux jugé que l'oreille : ainsi voilà M. de Voltaire un peu rapproché de l'Auteur de R.... On lui donne cependant toujours la droite sur lui; mais on ne le souffre plus dans la place que d'ignorans Spectateurs lui avoient liberalement accordée à côté de Corneille & de Racine.

Comme il y a un certain genre d'hommes qui ne

corrige jamais ses premiers jugemens ; on trouve encore ici des gens prévenus qui se déclarent les admirateurs de l'Oedipe, qui regardent ce nouvel Ouvrage comme un prodige d'esprit, & qui fondent leur admiration sur ce qui devroit la détruire, je veux dire sur les censures qu'on en fait de tous côtez. Il paroît même par la derniere Lettre de M. de Voltaire qu'il est lui même du nombre de ces Messieurs, ce qui lui est bien plus pardonnable qu'à ceux qui n'ont point en cela de vanité à combattre. On a beau représenter que cette Piece est contraire à plusieurs regles du bon sens, & à certaines Loix fondamentales du Théâtre, que la vraisemblance, & les mœurs n'y sont pas toujours observées, que les caracteres n'y sont point soutenus, qu'elle n'a ni nœud ni intrigue, &c. ... Si la Piece n'étoit pas un chef-d'œuvre, vous répond on froidement, on ne s'étudieroit pas tant à la rabaisser ; les critiques qu'on fait d'un Ouvrage en prouvent le merite.

Cependant je trouve qu'il n'y a rien de si frivole que cette maxime qu'on débite souvent sans sçavoir ce qu'elle a de vrai & de faux. Si les premiers applaudissemens que reçoit un Ouvrage lui supposent essentiellement un mérite réel & solide, j'avoue alors qu'un Ouvrage attaqué de toutes parts est excellent; car on ne releve point les fautes d'un Ouvrage obscur & méprisé. Ainsi plus les attaques sont vives & réiterées, plus elles supposent que les applaudissemens ont eu d'éclat; mais si un écrit surprend quelquefois l'estime du public sans la mériter, comme il est arrivé même de nos jours à des Ouvrages qui n'ont eu qu'une premiere vogue, les critiques qu'on en fera ne serviront qu'à hâter le décri dont il étoit digne, & montreront que le discernement & le bon goût n'accompagnent pas toujours les premiers jugemens du public. Les critiques prouvent donc seulement qu'un Ouvrage est estimé; mais si ces critiques sont sensées, elles prouveront encore mieux qu'il ne doit pas l'être.

Le public donne aux Auteurs deux sortes d'approbations, une approbation précipitée & passagere, & une approbation reflechie & de durée. La premiere suppose à la verité quelque sorte de mérite, mais souvent un mérite aussi superficiel qu'il est éblouissant : elle est quelquefois surprise par des circonstances très legeres ; la hardiesse du dessein, la nouveauté, la singularité, les allusions, que dis-je, le nom, la jeunesse & les avantures d'un Auteur en font quelquefois la réputation ; il s'éleve alors des Ecrivains zelez qui appellent du public même *au public mieux informé.* Faut-il qu'un Auteur soit assez simple pour se croire d'autant plus irrepréhensible qu'on lui reproche plus de fautes, & pour dire avec un petit air de suffisance : *Voilà bien des Ennemis, mais je souhaite donner bien-tôt une Tragedie qui m'en attire encore davantage?* Je crains bien qu'un Poete si enflé de ses premiers succès, & qui fait si peu de cas des avis que lui donnent les Gens de Lettres, ne se neglige encore plus dans la suite, & que le Public ne devienne la dupe de ses trop flateuses esperances.

Est-ce la critique du Cid qui prouve le mérite de cette fameuse Piece dont les beautez sont semées de tant de défauts ? Combien paroîtroit-elle meilleure encore, si la censure de l'Academie ne nous avoit éclairez sur ses fautes ? Il est vrai que le Cid plaît toujours au public en dépit de la critique ; c'est que toute compensation faite, les beautez l'emportent sur les défauts, ce qui est decidé par la longue tradition des suffrages ; il est à souhaiter qu'il en soit ainsi du nouvel Oedipe ; j'avoue même que ce souhait n'est pas tout-à-fait chimerique.

Le sujet du Cid est interessant; le sot orgueil y est puni. Le Comte de Gormas moins Espagnol que Philoctete ne prend congé de la compagnie que pour aller en l'autre monde. L'honneur & l'amour, ces deux sentimens si naturels à l'homme se combattent d'une maniere sensible & touchante. Rodrigue & Chimene sont deux personnages infiniment aimables. Je suis persuadé qu'un Poëte inferieur à Corneille, qui eût traité ce sujet, y eût réussi, même en faisant moins bien que lui. Le choix du sujet est donc souvent le motif d'un succès legitime, c'est la pensée d'Horace.

Cui lecta potenter erit res
Nec facundia deseret hunc, nec lucidus ordo.

Sil y eut jamais un sujet propre au Théâtre, c'est l'histoire d'Oedipe. Le sort de ce malheureux Prince donne un spectacle qui excite par lui-même la terreur & la compassion, sans qu'un Auteur possede l'invention dans un degré au dessus du médiocre, il peut former son dessein à peu de frais; il trouve dans le détail de son sujet les Scenes toutes préparées, les ornemens de la Tragedie sont les seules avances qu'il ait à faire; les situations touchantes, les sentimens heroïques, les pensées nobles, les expressions pompeuses, tout cela se présente à lui, pour peu qu'il ait une imagination heureuse. Ajoûtez à cela les secours de Sophocle & de Corneille. Pour moi je crois qu'on ne peut trop louer M. de Voltaire d'avoir choisi pour son coup d'essai une matiere si favorable à la réputation d'un commençant. Il est vrai aussi que ce sujet pour être traité selon les regles a de grandes difficultez, & que pour y réussir parfaitement, il faut un esprit sublime & très versé dans la pratique du Théâtre;

mais on voit aifément que ces obftacles n'ont pas dû arrêter un jeune homme à qui Sophocle paroît *extravagant*.

La principale difficulté n'eft point la fechereffe, comme le prétend M. de Voltaire, c'eft un paradoxe infoutenable qu'il n'a avancé que par défefpoir, & que pour la juftification de fon épifode poftiche & bifare. Qu'on examine avec attention le fond de nos plus belles Tragedies, on y trouvera moins de richeffe & de fecondité que dans le fujet d'Oedipe. Il me femble qu'il eût parlé avec plus de jufteffe, s'il eût dit que la difficulté infurmontable qu'il y a trouvée, eft l'extravagante Theologie des Payens, qui accordoit tout au Deftin, dont les aveugles decrets rendoient un homme coupable malgré lui ; en forte que la vertu même étoit quelquefois un crime, & devenoit l'objet de l'injufte vengeance des Dieux : c'eft ce qui fe trouve dans Oedipe. Il faut dévorer cette abfurdité & entrer un peu dans l'idée folle qui regnoit autrefois, pour prendre quelque plaifir aux Tragedies qu'on a faites fur ce fujet; mais après tout, ces Tragedies font incapables d'inftruire & de rendre les hommes meilleurs ; elles détournent de la vertu, elles découragent dans la pratique du bien. Le Poëte eft obligé de mettre des impietez dans la bouche de fes Acteurs, & le Spectateur eft obligé d'y applaudir. Sophocle, Corneille & M. de Voltaire après eux n'ont point remedié à cet inconvenient ; ils renvoyent le Parterre chagrin, fcandalifé & plein d'une idée de la vertu très contraire à la raifon & à la vertu même.

Il femble neanmoins qu'un Poëte vertueux qui manieroit le fujet d'Oedipe, pourroit un peu pallier l'injuftice du Ciel, en faifant fentir que le parricide & l'incefte font des crimes fi énormes, que les

Dieux ne les pardonnent pas à ceux mêmes qui les commettent sans le sçavoir. C'est selon M. d'Aubignac la moralité qu'on doit tirer de l'Histoire d'Oedipe exposée sur le Théâtre ; mais un Poëte trouve plus son compte à débiter des Vers d'une énergie blasphématoire, qu'à menager les Dieux & la Vertu par un tour subtil & metaphysique. Cependant je ne sçai si Oedipe & Jocaste, au lieu d'être si impies n'auroient pas excité davantage la pitié des Spectateurs, s'ils avoient souscrit eux-mêmes à la justice de leur condamnation & approuvé la vengeance des Dieux, au moins pour l'exemple que le Ciel vouloit donner en leurs personnes de l'horreur qu'il a pour le parricide & l'inceste. A dire le vrai le Peuple est si persuadé de cette moralité, que je doute qu'il applaudît au soin que prendroit un Poëte de la lui inspirer, sans compter qu'elle est froide & languissante. Ainsi le tout examiné, je ne puis presque condamner ces mots d'Oedipe si injurieux à la Divinité.

„ Impitoyables Dieux mes crimes sont les vôtres.

Il y a de l'inconvenient, mais il faut passer par là, ou renoncer à la Tragedie d'Oedipe.

C'est-là un défaut qui appartient au sujet & qu'on pardonne à M. de Voltaire de n'avoir point sauvé ; mais sa Tragedie en a bien d'autres qui sont sur son compte. Je ne vous ferai point le détail de ceux qui regardent l'œconomie de la Piece, vous les verrez aisément par vous-même, & les deux premieres critiques vous les feront sentir parfaitement. Vous n'aurez pas besoin de lire la quatriéme Lettre de M. de Voltaire, où il prend le soin injurieux d'indiquer au public les plus grossiers. Le public a bien encheri sur ses remarques ; cependant on n'a point encore examiné solidement & en détail le stile & les pensées de notre Auteur ; on a fort negligé cette partie, soit qu'on l'ait regardée comme peu importante, soit qu'on ait pris plus de plaisir à sapper l'Ouvrage par ses fondemens, & à faire à l'Auteur une playe presque incurable. Quoi qu'il en soit je vous envoye, Monsieur, par forme de supplément quelques observations qu'un de mes amis m'a communiquées sur le stile & les pensées de la nouvelle Tragedie d'Oedipe. En me les donnant il m'a dit qu'il étoit surpris que M. de Voltaire eût si peu corrigé sa Piéce à la 2ᵉ Edition, & que ses amis lui eussent laissé réimprimer tant de bévûes. Ce que ces remarques ont d'avantageux, c'est que l'Auteur en pourroit profiter aisément si elles parvenoient à sa connoissance ; au lieu que sans beaucoup de travail il ne pourroit réformer tout ce qu'on lui reproche ailleurs : cependant l'édifice mérite bien les frais de réparation.

OBSERVATIONS

Sur le stile & les pensées de la nouvelle Tragedie d'Oedipe.

ACTE I.

SCENE I.

„ Philoctete est-ce vous ? Quel coup affreux du sort
„ Dans ces lieux empestez vous fait chercher la mort ?

Ces deux Vers sont de la seconde Edition. L'Auteur n'a pas vû que l'Epithete *affreux* revient encore quatre Vers après & se trouve cent fois repeté dans la suite. *Ces lieux empestez* fondent une équivoque desagréable : d'ailleurs *empesté* ne se dit guerre dans le propre ; on ne diroit point dans les nouvelles *Constantinople est empestée.*

„ Et dis moi si des Dieux la colere inhumaine
„ A du moins respecté les jours de votre Reine.

Votre étant au plurier n'est point un solécisme comme le prétend la deuxiéme critique, mais il est placé durement ; il arrête le Lecteur, c'est une faute de stile. *A du moins respecté*, il falloit mettre *épargné* pour parler proprement. Philoctete qui par ces deux vers suppose que la peste qui est à Thebes est l'effet de la colere des Dieux, doit en parler moins cavalierement.

Quoi, Dimas, votre Maître est mort assassiné.

J'aimerois autant dire *est mort tué* ; d'ailleurs ce tour est prosaïque.

D'un sens embarassé *dans* des mots captieux,
Le Monstre chaque jour *dans* Thebe épouvantée
Proposoit une énigme avec art concertée.

Ces trois Vers sont expressifs par leur construction, car le sens en est embarassé comme celui de l'énigme ; *dans* repeté deux fois de suite ne nuit pas à cette ingenieuse obscurité ; mais il est fâcheux que le premier Vers soit inutile, car le mot d'énigme qui est au troisiéme le renferme essentiellement. Dimas prend-t'il Philoctete pour un ignorant, qui ne sçait pas ce que c'est qu'une énigme, & qui a besoin qu'on lui en donne la définition.

„ Et si quelque mortel vouloit nous secourir,
„ Il falloit voir le Monstre & l'entendre ou perir.

Pour ôter l'équivoque j'aurois mis

„ Il falloit voir le Sphinx, le comprendre ou perir.

,, Tu fçais combien alors mes fureurs éclaterent,
,, Combien contre l'amour mes plaintes s'emporterent,
,, Tout l'Etat ignorant mes sentimens jaloux
Du nom de politique honoroit mon couroux.

Ce *couroux* étoit effectivement bien honoré, car quel soupçon de politique peut-il y avoir dans des fureurs & des emportemens ? Le Poëte ne donne guerre de sens commun *à tout l'Etat*.

,, Sortons & s'il se peut n'imitons point leurs pleurs.

Que signifie ce Vers là ? Un Heros aussi outré que Philoctete doit-il être tenté de pleurer comme un enfant ? *s'il se peut* marque qu'il aura bien de la peine à s'en empêcher. *Sortons*; il y a trop de Scenes qui finissent ainsi dans cette Tragedie.

SCENE III.

,, Et peut être le Ciel que ce grand crime irrite
,, Déroba le coupable à ma juste poursuite.

Quel galimathias ? parceque le Ciel est irrité, Jocaste croit qu'il sauve le coupable.

Peut être accomplissant ses decrets éternels
Afin de nous punir il nous fit criminels.

On diroit que Jocaste est....

,, A ces sermens affreux nous nous unissons tous.

Un grand Prêtre qui approuve des *sermens affreux* ? d'ailleurs ce Vers est bien mauvais.

Et conduisant un Roy facile à se tromper,
Ils marqueront la place où mon bras doit fraper.

Ces deux Vers seroient beaux s'ils ne renfermoient pas un barbarisme qui est *facile à se tromper*. On dit qu'un Roy est facile à tromper, parceque *Facile* est le régime du verbe *tromper*; mais en mettant *facile à se tromper* vous lui donnez deux régimes. Diroit-on *ce Cavalier est aisé à se battre? ce jeune Poëte est facile à s'en orgueillir?*

ACTE II.

SCENE I.

Ce Peuple épouvanté ne connoît plus de frein,
Et quand le Ciel lui parle il ne connoît plus rien.

Cette rime *de frein* & *de rien* ne sera de mise que quand la prononciation Provinciale de *ren* pour rien dominera.

SCENE II.

„ Ces feux qu'on croit éteints renaissent de leur cendre.

La métaphore n'est point juste, la cendre est la partie grossiere de la matiere combustible dont le feu a fait la dissolution, & l'on ne dit point *de la cendre de feu*.

SCENE III.

„ Je ne vous tiendrai point de ces discours vulgaires
„ Que dicte la molesse aux amans ordinaires.

Ainsi parle Philoctete à Jocaste, & dans la Scene suivante il dit à Oedipe.

„ C'est aux hommes communs aux ames ordinaires
„ A se justifier par des moyens vulgaires.

Même pensée, même rime. De quelle espece étoit donc Philoctete ? il s'imagine n'être point *un homme commun*; effectivement il ne ressemble guere à un animal raisonnable ; il est Heros jusqu'à la folie ; il a vaincu des monstres ; il a puni des tirans : Que n'a-t'il pas fait ? ce Chevalier errant a tout l'air de s'être escrimé contre des moulins & de de s'être battu contre le grand Archipanpan.

Scene V.

„ Je vais, je vais moi-même accusant leur silence,
„ Par mes vœux redoublez fléchir leur inclemence ;
„ Toi si pour me servir tu montres quelque ardeur,
„ De Phorbas que j'attends cours hâter la lenteur ;
„ Dans l'état déplorable où tu vois que nous sommes
„ Je veux interroger & les Dieux & les hommes.

Ainsi finit le deuxiéme Acte. Si l'on y fait reflexion on trouvera que le premier Acte finit de la même maniere.

Courez, que l'on s'empresse,
Qu'on ouvre sa prison, qu'il vienne, qu'il paroisse ;
Moi-même devant vous je veux l'interroger....
Vous retournez au Temple, allez que votre voix
Interroge ces Dieux une seconde fois.

On peut conclure de-là qu'Oedipe a perdu son temps entre le premier & le second Acte, qu'il n'a rien fait du tout, de sorte qu'entre le deuxiéme & le troisiéme Acte, il est obligé de réparer le temps perdu, & d'accomplir ce qu'il avoit résolu au premier.

ACTE III.

Scene I.

„ A leur malignité rien n'échape & ne fuit.

Il est évident que *& ne fuit* est un pléonasme, puisqu'il n'ajoute rien au verbe qui précede ; d'ailleurs *rien ne fuit à leur malignité* est une phrase de la création de M. de Voltaire.

„ Dans ce cœur malheureux son image est tracée.

Ce Vers est beau, mais l'expression n'est pas juste, les sentimens se gravent dans le cœur & les images se tracent dans l'esprit.

Scene IV.

„ Sur les pas du Heros dont je garde la cendre,
„ Cherchons des malheureux que je puisse défendre.

Ainsi parle Philoctete, & aussi-tôt il disparoît pour ne plus revenir sans dire adieu à Jocaste, sans la consoler dans la triste situation où elle est, sans songer que la bienséance, l'amour, son courage, son interêt doivent le retenir à la Cour d'Oedipe. Il va chercher des *malheureux pour les défendre*, la défense d'Oedipe qui est innocent & malheureux seroit-elle indigne de lui ? Je ne crois pas qu'aucun ancien ait fait une bévûe si considerable ; tout le monde est revolté contre cet endroit. M. de Voltaire devroit bien se prêter un peu à nos plaintes.

ACTE IV.

Scene I.

JOCASTE.

„ Je vous l'ai déja dit, un seul suivoit ses pas.

OEDIPE.

„ Un seul homme !

Ne semble-t'il pas qu'Oedipe n'a point compris ce que veut dire *un seul suivoit ses pas*, & que *un seul* lui ait paru équivoque, puisqu'il reprend par interrogation *un seul homme* ? d'ailleurs pourquoi cet étonnement d'Oedipe, puisque Jocaste ne lui disoit pas cette circonstance pour la premiere fois, *je vous l'ai déja dit*. Oedipe avoit-il la conception dure, ou manquoit-il de mémoire ? effectivement ce Prince paroît souvent oublieux & distrait ; au reste, c'est le meilleur homme du monde, comme il paroît bien par ses tranquilles entretiens avec le menaçant Philoctete.

„ Cet organe des Dieux est-il donc infaillible ?
„ Un ministere saint les attache aux Autels.

A quoi se rapporte *les* depuis le commencement de cet Acte jusqu'à ce Vers il n'est pas fait mention des Prêtres. Il n'est point surprenant que cette faute soit échapée dans la chaleur de la composition, mais il faut être bien incorrigible pour l'avoir laissée jusqu'ici.

„ L'un d'eux, il m'en souvient, déja glacé par l'âge,
„ Couché sur la poussiere observoit mon visage.
„ Il me tendit les bras, il voulut me parler,
„ De ses yeux expirans je vis des pleurs couler,
„ Moi-même en le perçant je sentis dans mon ame
„ Tout vainqueur que j'étois. . . . .

On voit que ce vieillard qui observe le visage d'Oepide en mourant, qui lui tend les bras, & pour qui le vainqueur même sent un mouvement de la nature, est le Roy Laius. Mais comment le Poëte a t'il pû supposer cette circonstance ? Laius devoit-il soupçonner que son meurtrier étoit son fils ?

fils ? Le croyoit-il vivant ? il ne l'avoit point vû depuis les premiers momens de sa naissance ; comment se rappeller des traits que le temps avoit dû changer ? La situation où étoit ce vieillard *couché sur la poussiere, ses yeux expirans* & baignez de larmes, la chaleur du combat, les playes mortelles qu'il avoit reçues, tout cela ne devoit pas augmenter ses lumieres & lui donner une pénetration inconcevable ; cette supposition est belle & touchante, mais le merveilleux y va jusqu'à l'impossible. On pourroit répondre pour sauver ce bel endroit, que c'étoit un instinct confus & une inspiration naturelle, mais cette raison ne l'est guere.

Scene IV.

,, Allons, dans un moment je vais le recevoir.

Oedipe sort effectivement & termine le quatriéme Acte ; mais il oublie encore ce qu'il avoit proposé de faire, comme il l'avoit oublié entre le premier & le second Acte. Il ne reçoit point Icare, ce n'est qu'à la deuxiéme Scene de l'Acte suivant que ce Corinthien lui parle : de sorte que si l'on y prend garde, il ne se passe rien du tout entre tous les Actes de cette Tragedie. On diroit que le Théâtre ne se vuide que pour donner aux Acteurs le temps de se rafraîchir, & aux Spectateurs celui de louer M. de Voltaire ; c'est une remarque digne d'attention.

ACTE V.

Scene I.

,, Finissez vos regrets & retenez vos larmes,
,, Vous plaignez mon exil, il a pour moi des charmes.

Il me semble que cet exil ne devoit point avoir de *charmes* pour Oedipe, & qu'il étoit fort à plaindre d'être obligé de quitter le Thrône & Jocaste. Ces *charmes* sont aussi extraordinaires que l'Hemistiche est trivial.

„ Du sort de tout ce Peuple il est temps que j'ordonne,
„ J'ai sauvé cet Empire en arrivant au thrône.

Ces deux Vers ne sont pas assez beaux, & M. de Voltaire n'est pas encore assez accredité pour obtenir qu'on lui passe cette rime qui est sans exemple; celui qu'il donne ici & 'ailleurs scandalise tout le Parnasse. Combien de mauvais Poëtes pourront s'en prévaloir ?

Scene II

„ A son trépas vous deviez vous attendre,
„ Dans la nuit du tombeau les ans l'ont fait descendre,
„ Ses jours étoient remplis, il est mort à mes yeux.

Ses jours étoient remplis. C'est comme si Icare disoit, Polibe a vécu autant qu'il avoit à vivre. Il ne pouvoit plus vivre, & il est mort; j'aimerois autant dire *Polibe vivoit, Polibe est mort.*

Scene IV.

Je vois, je reconnois la blessure mortelle
Que te fit *dans le flanc* cette main criminelle,
Puni-moi, venge-toi d'un monstre detesté ;
D'un monstre qui souilla *les flancs* qui l'ont porté.

Le second vers est plat, & en ces quatre Vers *flanc* se trouve deux fois.

Scene derniere.

„ Prêtres, & vous Thebains qui fûtes mes Sujets,
„ Honorez mon bucher, & songez à jamais
„ Qu'au milieu des horreurs du destin qui m'oprime,
„ J'ai fait rougir les Dieux qui m'ont forcée au crime.

De telles paroles dans la bouche d'une femme qui va rendre l'ame devoient bien scandaliser les Thebains & sur-tout les Prêtres. La circonstance rend ces Vers extrémement énergiques ; mais parler ainsi en mourant c'est vouloir aller relancer les Dieux jusques chez eux , & ne les craindre gueres. Je ne sçai après cela avec quelle dévotion *on honorera son bucher.*

Admonere non mordere voluimus.

Voilà, Monsieur, les observations de mon ami, elles ne sont ni outrées ni malignes comme celles de tant d'autres qui critiquent précisément pour critiquer. Elles sont cependant quelquefois un peu scrupuleuses. En revanche l'observateur a eu de l'indulgence pour plusieurs autres endroits qu'il auroit pû relever. Pour moi je ne vois rien de si insupportable qu'une critique sans jugement. On hait un Censeur chagrin qui sans raison trouve tout mauvais. Le public équitable est toujours pour l'Auteur dans tous les endroits où on ne fait pas voir clairement qu'il-est défectueux ; & si cet Auteur est estimé, le public se révolte encore plus contre un Pedant qui s'érige en réformateur de ses jugemens, & n'apporte que des motifs frivoles pour changer son approbation. L'Auteur de ces remarques m'a protesté qu'il estimoit fort la nouvelle Tragedie d'Oedipe malgré ses défauts, & que l'Auteur y a mis de si beaux traits soutenus d'une versification admirable, qu'il peut dire avec raison comme son Philoctete :

J'ai bien acquis le droit d'avoir quelques foiblesses.

Je lui ai répondu que la jalousie & le mauvais goust de quelques gens de Lettres avoient jusqu'ici exageré ces foiblesses, & je parodiai alors ces deux Vers de Jocaste,

Des Poëtes sur lui les critiques regards
Avec avidité tombent de toutes parts.

Vous voyez que je couronne M. de Voltaire de ses propres lauriers. Quelques prévenus que nous soyons pour lui mon ami & moi, nous ne l'épargnons point quand il nous paroît manifestement répréhensible, & nous avons trouvé de quoi glaner après les autres.

On dit que l'Auteur a sur le métier une nouvelle Tragedie ; il est à souhaiter pour l'honneur de son siecle & de sa patrie qu'il embrasse cette profession & qu'il la remplisse long-temps. Puisse-t'il se menager assez pour fournir une longue carriere. Corneille & Racine ont commencé moins bien que lui ; voilà ce que l'on peut dire, mais il n'est pas sûr d'en conclure qu'il ira plus loin qu'eux. Ce sont des conjectures qu'il faut abandonner aux imaginations échauffées de ses admirateurs ; cependant le public se flate que le premier Ouvrage qu'il donnera au Théâtre sera plus châtié que celui ci.

Au Cid persecuté Cinna doit sa naissance.

Si cela arrive, quelle obligation M. de Voltaire n'aura t'il pas un jour à ses charitables ennemis ? Je suis bien éloigné d'être de ce nombre, je ne lui porte aucune envie & ne me crois point capable de l'éclairer.

Avant de finir je vous ferai part d'une épigramme contre Philoctete à qui tout le monde en veut.

  Philoctete vient sur la Scene
Ne sçachant rien de ce qu'il doit sçavoir,
  Avec une suffisance vaine
Il réussit à se faire valoir.
  C'est un fanfaron temeraire,
Un rodomont qu'enivrent ses succès,
  Il est incivil à l'excès,
  Voilà le Heros *de Voltaire.*

Je ne veux pas oublier de joindre ici quelques observations sur la derniere Lettre de M. de Voltaire. *On m'apporte*, dit-il, *en ce moment une nouvelle critique de mon Oedipe ; celle-ci me paroît moins instructive que l'autre, mais beaucoup plus maligne. La premiere est d'un Religieux, la deuxiéme est d'un homme de Lettres, & ce qui est assez singulier, c'est que le Religieux possede mieux le Théâtre & l'autre la raillerie.* Il semble que M. de Voltaire ne sçache ce que c'est qu'un Religieux ni un homme de Lettres : car pourquoi opposer l'un à l'autre. Si je disois, *nous avons deux dissertations sur ce sujet ; la premiere est d'un Docteur de Sorbonne, la deuxiéme d'un Sçavant.* Ne ferois-je pas entendre par cette maligne division qu'un Docteur de Sorbonne n'est pas un Docte. Ainsi M. de Voltaire par cette fausse maniere de s'exprimer fait comprendre que le Religieux n'est pas homme de Lettres, ce qu'il n'a pû prétendre sans se contredire lui-même ; car il assure en même temps que *le Religieux possède mieux le Théâtre, & l'autre la raillerie*, & il trouve cela *assez singulier*; il est en effet bien étrange qu'un Religieux soit grave, & qu'un homme du monde soit badin & railleur. Qu'y a-t'il outre cela *de singulier* que ce Religieux qui a eu le malheur de ne point railler M. de Voltaire, entende l'art du Théâtre ? Cette étude n'est-elle pas digne d'un homme qui peut être en même temps & Religieux & homme de Lettres ? S'il s'agissoit de ces illustres solitaires dont l'érudition si vantée consiste à sçavoir lire, transcrire & imprimer; il seroit à la verité assez singulier qu'un Religieux de cette espece se mêlât d'entendre le Théâtre. Mais M. de Voltaire n'a ignoré ni l'Ordre ni le nom du Religieux qui l'a si bien relevé; & le trop celebre Escobar qui se trouve, je ne sçai comment, dans sa Lettre, n'y a pas été placé assez naturellement, pour qu'il ne donne pas lieu de croire que M. de Voltaire a fort bien connu sous quel habit son Censeur étoit caché. Sans cela rien ne seroit plus insipide que le paralelle qu'il fait de lui-même avec ce Casuiste. En effet, quelle ressemblance de M. de Voltaire avec Escobar, si ce n'est en ce qu'on a dit bien du mal de l'un & de l'autre ? Je suis, Monsieur, &c.

APPROBATION.

J'Ai lû par ordre de Monfieur le Lieutenant General de Police un manufcrit qui a pour titre, *Lettre d'un Abbé à un Gentilhomme de Province, contenant des Obfervations fur le ftile & les penfées de la nouvelle Tragedie d'Oedipe, & des Reflexions fur la derniere Lettre de M. de Voltaire*, dont on peut permettre l'impreffion. A Paris. Ce 11 May 1716.

PASSART.

Veu l'Approbation du fieur Paffart, permis d'imprimer. Ce 14 May 1719.

DE MACHAULT.

Regiftré fur le Livre de la Communauté des Libraires & Imprimeurs de Paris, No 1109, conformément aux Reglemens, & notamment à l'Arreft de la Cour de Parlement du 3 Décembre 1705. A Paris ce 19 May 1719.

DE LAULNE, Syndic.

www.ingramcontent.com/pod-product-compliance
Lightning Source LLC
Chambersburg PA
CBHW070429080426
42450CB00030B/1838